SAINT-ÉVREMOND

LA

COMÉDIE

DES

ACADÉMICIENS

PRÉFACE PAR

R. DE BONNIÈRES

SON EMINENCE DUCALE

M. le Garde des Sceaux
M. de Boyllat
M. de Voiture
M. de Gombervalle
M. Chapelain
M. Godeau
M. de Balzac
M. Sirmond
M. de Bautru
M. de Chambon Ab.
M. de Gombaut
M. des Marets
M. de Coiffe
M. de Porchieres
M. de Porchieres
M. de Baro
M. de Bois Robert
M. Sillon
M. Serizai
M. Baudoin
M. Coleret
P. Malleville
M. de la Chambre
M. de Broye
M. S.t Amant
M. du Chastec
M. Habert ab.
M. de l'Estoile
M. de Colomby
M. de Racan
M. de Malleville
M. du Bourghesse
M. Bardin
M. Granier
M. de Charles
M. de Vaugelas

Hélieg. Dujardin.

Imp. L. Eudes.

LES ACADÉMICIENS

COMÉDIE

LES

ACADÉMICIENS

COMÉDIE PAR

SAINT EVREMONT

ÉTUDE PAR

ROBERT DE BONNIÈRES

PARIS. CHARAVAY FRÈRES ÉDITEURS

51 RUE DE SEINE 51.

1879

AVERTISSEMENT

AVERTISSEMENT

Nous présentons au public cette Comédie ou plutôt cette Satire dialoguée, moins comme une œuvre d'art achevée que comme un monument curieux de l'histoire des belles-lettres françaises. Au témoignage même de Pellisson, cette Pièce n'est pas sans esprit et a des endroits fort plaisants, et Molière n'a pas dédaigné d'y prendre une de ses scènes les mieux inspirées.

A l'édition anonyme de 1650, nous avons préféré la version que donne Des Maizeaux. Nous tirons nos raisons de la Préface de l'édition que nous reproduisons ici : « Si M. Pellisson, y est-il dit, a parlé avantageusement de cet ouvrage, tout défiguré qu'il était, que n'en eût-il pas dit, s'il l'avait vu dans sa forme véritable et naturelle, même telle que nous venons de la donner au public ? L'édition de 1650 était devenue si rare, que je ne l'aurais peut-être jamais vue si M. Bayle ne m'eût fait la grâce de me l'envoyer. M. de Saint-Évremont lui-même ne l'avait plus. Lorsque je la lui demandai, il m'apprit qu'en 1680, madame la duchesse Mazarin souhaita de voir cette Pièce telle qu'il l'avait écrite ; et que son manuscrit s'étant perdu en France, il se trouva obligé de retoucher l'Imprimé ou plutôt de le refondre ; mais qu'il ne savait ce que cela était devenu. J'eus le bonheur de déterrer cet ouvrage chez la veuve du Copiste de madame Mazarin. M. de Saint-Évremont voulut bien le relire avec moi et m'en expliquer quelques endroits ; et c'est d'après cette dernière révision que nous l'avons publié en tête de ses œuvres. » Nous avons agi sur la foi du témoin le plus autorisé.

La gravure que nous avons reproduite est tirée du livre du sieur de la Peyre : De l'Éclaircissement des Temps avec ce titre : A l'Éminente (1635). « Ce fut en ce livre, dit l'historien de l'Académie, que ce bon homme, qui avait souvent des imaginations fort plaisantes, fit mettre le portrait du Cardinal en taille-douce, avec une couronne de rayons tout autour, chacun desquels était marqué par le nom d'un Académicien. » Par cela même que cette gravure semble déplaire à Pellisson, nous croyons qu'elle n'eût pas déplu au malicieux auteur de cette comédie.

R. B.

PRÉFACE

PRÉFACE

La *Comédie des Académistes* courait, manu-
scrite, dans les premiers mois de l'an 1643,
le trente-troisième et dernier du règne de
Louis XIII (1). Richelieu était mort le 4 décembre de la précédente année, revenant de Lyon
ou, par sa présence, il avait voulu pour ainsi
dire solenniser l'exécution du marquis de Cinq-
Mars et de François-Auguste de Thou. Depuis
le jour que le cardinal, revêtu pour jamais de
cette soutane rouge dont « il couvrait tout »,

avait été exposé, l'on respirait plus librement dans Paris. Le roi timide, la cour depuis quinze ans vaincue et silencieuse, les esprits forts et les voluptueux qui se réunissaient au Marais chez Marion Delorme, les *esprits doux*, les habitués galants et spirituels de l'hôtel de Rambouillet, les gentilshommes et les capitaines contraints à toutes les dépendances, les gens du Parlement justement ombrageux, les bourgeois épargnés et néanmoins mécontents, le peuple toujours malheureux, mais pour qui tout changement est une espérance, tous éprouvaient de cette mort une satisfaction incertaine. Tous, soit pour leur bien, soit pour leur mal, avaient été si rudement menés, qu'ils devaient se sentir un instant soulagés. Les terreurs qu'inspirait le ministre avaient gagné les écrivains les plus indépendants. Si, depuis huit ans qu'était fondée l'Académie, la Comédie qui nous occupe ici n'avait point encore été écrite ou n'avait point encore circulé, il est permis de supposer que l'auteur avait surtout redouté de déplaire au

Protecteur en attaquant une institution qui occupait ses manies littéraires, et ceux des académiciens qui servaient ces manies (2).

Nous dirons avec Pellisson comment fut fondée l'Académie.

Environ l'année 1629, quelques particuliers, logés en divers endroits de Paris, ne trouvant rien de plus incommode dans cette grande ville que d'aller fort souvent se chercher les uns les autres sans se trouver, résolurent de se voir un jour de la semaine chez l'un d'eux. Ils étaient tous gens de lettres, et d'un mérite fort au-dessus du commun : M. Godeau, M. de Gombault, M. Chapelain, M. Conrart, M. Habert, commissaire de l'artillerie, M. l'Abbé de Cérisy, son frère, et M. de Serizay. Ils s'assemblaient chez M. Conrart, qui s'était trouvé le plus commodément logé pour les recevoir. Là ils s'entretenaient familièrement, comme ils eussent fait en une visite ordinaire, de toute sorte de choses, d'affaires, de nouvelles, de belles-lettres. Si quelqu'un de la Compagnie avait fait un ouvrage, comme il arrivait souvent, il le communiquait volontiers à tous les autres, qui lui en disaient librement leur avis. Ils goûtaient ensemble tout ce que la société des esprits et la vie raisonnable ont de plus doux et de plus charmant.

Ils avaient arrêté de n'en parler à personne, mais le secret fut éventé. Boisrobert eut connaissance de ces assemblées et désira d'y assister. Quand il eut vu de quelle sorte les ouvrages y étaient examinés, et comment on y reprenait hardiment et franchement toutes les fautes jusqu'aux moindres, il en fut rempli de joie et d'admiration. Boisrobert, qui était alors en sa plus haute faveur auprès du cardinal de Richelieu, ne manqua pas, parmi leurs entretiens familiers, de lui faire un récit avantageux de la petite assemblée qu'il avait vue, et des personnes qui la composaient. Le cardinal, après avoir loué ce dessein, lui demanda si ces personnes ne voudraient point faire un corps et s'assembler régulièrement sous une autorité publique; ce que ceux-ci acceptèrent. Ils savaient qu'ils avaient affaire à un homme qui ne voulait pas médiocrement ce qu'il voulait, et qui n'était pas accoutumé de trouver de la résistance ou à la souffrir impunément. Cela se passait au commencement de l'année 1634 (3).

Lorsque les académiciens eurent très-humblement remercié le cardinal et l'eurent assuré qu'ils étaient tous résolus à suivre ses volontés, celui-ci ordonna à Boisrobert de leur dire « qu'ils s'assemblassent comme de coutume et qu'augmentant leur compagnie comme ils le jugeraient à propos, ils avisassent entre eux quelle forme et quelles lois il serait bon de lui donner à l'avenir. » On délibéra et l'on conclut avec l'agrément du Cardinal sur la principale Occupation de l'Académie, sur ses Statuts et sur les Lettres qu'il fallait pour son établissement. L'extrait que voici des Lettres Patentes, données par le Roi au mois de janvier, indique les fonctions publiques dont Richelieu voulait investir cette Compagnie. « Notre très-

2

« cher et très-aimé cousin, y est-il dit, nous
« ayant représenté qu'après avoir fait tant
« d'exploits mémorables, Nous n'avions plus
« qu'à ajouter les choses agréables aux néces-
« saires, et qu'il jugeait que Nous ne pouvions
« mieux commencer que par le plus noble de
« tous les arts, qui est l'Éloquence; que la langue
« Françoise, qui, jusques à présent, n'a que trop
« ressenti la négligence de ceux qui l'eussent pu
« rendre la plus parfaite des modernes, est plus
« capable que jamais de le devenir ; que pour
« en établir des règles certaines, il avoit
« ordonné une Assemblée dont les propo-
« sitions l'avoient satisfait.

« Si donnons en mandement à nos amés et
« féaux Conseillers, les gens tenant notre Cour
« du Parlement à Paris, Maîtres des Requê-
« tes ordinaires de notre Hôtel et à tous autres
« nos Justiciers et Officiers qu'il appartiendra,
« qu'ils fassent lire et y registrer ces présen-
« tes (4). »

Le Parlement de Paris considérait Richelieu

comme l'ennemi de sa liberté et l'infracteur de ses privilèges. Il consentit à grand'peine à vérifier cet Édit. Les lettres, qui autorisaient l'Académie Française, ne furent enregistrées qu'au mois de juillet 1637 (5).

Si l'Assemblée qui se réunissait chez Conrart a été l'origine de notre Académie, il ne faut pas oublier que le Ministre avait l'exemple de semblables réunions protégées par les rois. Nous voulons parler de l'Académie de Musique et Poésie, créée par J.-A. de Baif et Joachim Thibault de Courville. Ceux-ci avaient adressé une requête au roi Charles IX et y joignirent un projet de règlement. Le roi-poète approuva le projet de statuts, et, au mois de novembre 1570, il accorda à J.-A. de Baif et à Thibault de Courville des Lettres Patentes qui autorisaient l'érection de cette Académie, dont il accepta d'être le Protecteur et le premier Auditeur. Il les félicitait dans ses Lettres « d'avoir avec grande étude et labeur assiduel unanimement travaillé à l'avancement du langage françois. »

Henri III leur continua sa protection, mais il semble qu'il ait voulu, sur les sollicitations de Pibrac, établir en son Palais même une succursale plus exclusivement littéraire de cette Académie de Musique et de Poésie, qui se réunissait alors « sur les fossés Saint-Victor au Faubourg (6). » En effet, d'Aubigné, dans son Histoire universelle, parle à la date 1576 « d'une assemblée que le Roy faisoit deux fois la semaine en son cabinet pour ouir les plus doctes hommes qu'il pouvoit et mesme quelques dames qui avoient étudié. » Guy de Pibrac, Pierre de Ronsard, Philippe Desportes, du Perron, Pontus de Tyard et plusieurs autres excellents esprits du siècle faisaient partie de cette double Académie.

Le temps de ces conférences, dispersées depuis par les guerres civiles, n'était pas si éloigné que le Cardinal n'en eût pu entendre parler par des témoins mêmes. Mademoiselle Le Jars de Gournay, qui devait survivre à Richelieu, avait plus de vingt-trois ans au moment où Henri III fut assassiné. Bien qu'elle pût certes passer pour une femme qui « avait étudié » il est peu probable qu'elle assistât aux séances du Louvre, où le roi, au milieu de ses chiens damerets et de ses mignons, écouta attentivement le docte discours que Ronsard fit sur *le subject des Vertus actives* (7). Pour porter ses cheveux frisés et refrisés et remontant par-dessus son petit bonnet de velours, il n'en donnait pas moins, comme souvent les raffinés de plaisir, un goût délicat aux choses de l'esprit. Si mademoiselle de Gournay ne fut pas de ces conférences, elle en eut certainement des récits journaliers et authentiques dont peut-être elle entretint le Cardinal qui lui était favorable, d'autant mieux qu'en cette même année 1634, celui-ci aidait la *fille d'alliance* de Montaigne à publier sa dernière édition des Essais.

Le goût de ces sortes de conférences n'était pas nouveau, bien qu'il ne fût encore que le partage de rares esprits. La Marguerite des Marguerites fut — et dans le meilleur sens du mot — une précieuse avant les précieuses. Il est parlé des savants entretiens qui se tenaient chez cette princesse et en sa présence. C'est que, depuis un siècle, les plus instruits de la nation faisaient effort pour donner au monde un langage excellent.

Les poètes de la Pléiade avaient beaucoup fait pour la langue en vivifiant la vieille Poésie française, représentée alors par Saint-Gelais, Brodeau, Fontaine, poètes ternes, froids et insuffisants. Ils lui firent les vêtements à sa taille, ornés de belles et diverses couleurs, et lui mirent entre les mains une lyre nouvelle aux cordes sonores. Pierre de Ronsard, leur chef, fut proclamé, par décret des magistrats de Toulouse, « le poète par excellence. »

Parmi les causes qui contribuèrent le plus à la formation du langage, la plus active fut l'influence des prédicateurs et des écrivains protestants. Calvin, plus que tous autres, a agi pour préciser les ressources de notre idiome national. Il courait le pays, prêchant sur des matières abstraites, et il lui fallait prêcher dans la langue de tous. Pour rendre et discuter les pensées nouvelles qu'il voulait populariser, il dut trouver de nouveaux modes d'expression. Il se montra toujours fort préoccupé du langage que devaient employer ses adeptes. Il recommande à Farel un style facile et attirant ; à Viret, qui retombait souvent en son patois, il reproche d'être prolixe. Malgré sa facilité à écrire le latin, il eut conscience du génie de notre langue, et si, avec raison, pour la formation des mots il remontait au latin, il contribuait fort à en détourner notre syntaxe, en renonçant aux inversions, aux suppressions de l'article devant les noms, au retranchement des pronoms sujets devant les verbes. Il tend à diminuer le nombre des incidences et à adopter la proposition directe. La propagande qu'il avait entreprise lui faisait une nécessité d'être clair. Pour être compris vite et bien, il lui fallut inventer des formes rapides et alléger ses raisonnements de leurs armures scolastiques.

Calvin fit école. Parmi les ministres des églises réformées de France, il y en eut peu qui ne vinrent pas à Genève s'instruire du solide enseignement de leur maître. Ils écoutaient ses arguments bien déduits et rapportaient involontairement ses bonnes habitudes de langage. D'un autre côté, l'émulation développa chez les catholiques les mêmes qualités (8). Enfin le protestantisme avait gagné à lui un grand nombre des meilleurs esprits du temps. Marguerite de Valois inclina vers la Réforme et accueillit ses orateurs et ses écrivains. Ce ne sont point en effet les moins intelligents que les nouveautés séduisent. Le protestantisme fut « un accoucheur d'esprit », dit Chateaubriand en se souvenant du mot de Socrate.

Ce n'était point seulement dans les écrits théologiques que la langue se précisait.

Théodore de Bèze, l'impétueux réformateur, publiait ses pamphlets ; Nicolas Barnaud, le « *Cabinet du Roy de France* », de Montand, le « *Miroir des François* », Nicolas Froumen-

-teau, le « *Secret des Finances de France* ».
Ils agitaient déjà avec de grandes clartés
d'expression les questions politiques et éco-
nomiques. Les poètes, longtemps tenaces,
durent joindre leurs voix au commun concert.
Pierre de Ronsard, le poëte mitré, dut ré-
pondre, n'étant déjà plus jeune, aux vers de
Grévin, le réformé. Le style rapide et droit des
attaques fut paré par une arme qui ne faillit
pas à être d'aussi bonne trempe et qui fut ma-
niée par une main plus habile. Ces pamphlets
échangés introduisirent un genre nouveau dans
notre littérature : la satire. Pierre de Ronsard
y fit faire à là langue un progrès qui fut imité
comme tout ce qu'il avait tenté. Il arma pour
le combat ses grâces héroïques. Le premier il
s'exerça aux vers plus prompts de la satire.
Regnier fut son élève. Celui qui fut le maître
de toute poésie lyrique avait le souffle assez
puissant pour emboucher toutes les trompettes
de la Renommée. Malherbe, par cela même
qu'il manquait d'invention, devait être bientôt

un réformateur de la langue plus exact et plus attentif.

A cette influence, qui tendait à fixer la syntaxe, venait se joindre l'influence étrangère ou locale qui allait à bon droit enrichir notre vocabulaire. D'Aubigné et Brantôme représentent assez bien l'influence du Gascon. Henri Estienne écrit les « *Dialogues du langage françois italianisé.* » Enfin les livres imprimés chez les éditeurs provinciaux, chez Raoul Glamet à Rennes, chez de Marnef et Bouchet à Poitiers, chez Millanges à Bordeaux, chez François Juste et Rouille à Lyon, ont servi à conserver et à répandre les mots de terroir qui ne pouvaient qu'ajouter au fonds commun. En effet, tout mot qui s'imprime est en somme le résultat d'un choix fait par les plus instruits. Ce choix, d'abord restreint à l'usage personnel ou local, une fois ratifié par l'usage général, ne faisait qu'embellir la langue et la fortifier.

Cette réforme, longuement préparée, nous apparaît cependant comme assez brusque. Ce n'est pas sans surprise que nous entendons mademoiselle de Gournay user encore de formes de langage qui étonnent ses contemporains. Il semble que ce soit aux époques organiques, aux grands siècles, comme on est convenu de les appeler, que les peuples, après une lente élaboration, aient soudainement fixé leur idiome. Virgile, jeune contemporain du grand Lucrèce, enchanta Auguste et son siècle. Regnier, qui mourut à quarante ans, eût applaudi au *Cid*, s'il eût vécu le temps ordinaire de la vie humaine. Ce fut, croyons-nous, à l'influence des salons qu'est dû ce rapide avénement.

Jusqu'aux premières années du règne de Louis XIII il n'y a pas eu de salons en France. Henri IV n'avait avec lui que des Gascons aux grègues percées, *tueurs galants, pourfendeurs de naseaux.* L'honnête d'Aubigné, dans son « *Baron de Fœneste* », a fort bien décrit ces *mâche-lauriers* avec leur rotonde à double rang de dentelles, leurs rubans et leurs canons couleur d'*Espagnol malade*, de *face grattée*, de *veuve réjouie*, de *singe envenimé*. Marie de Médicis était entourée d'Italiens aventureux et perfides, avides d'honneurs et de profits, à la manière de René de Birague. Leur présence tenait la meilleure société éloignée de la cour. « Parmi les femmes qui y venaient, dit Bussy-Rabutin, il y en avait beaucoup de pitoyables et quelques-unes d'effrontées. » La vertu chercha un refuge dans les salons que Fléchier un jour louera du haut de la chaire. Une cour ennuyeuse fit sous Louis XIII ce qu'une cour grossière avait fait sous Henri IV. On était aise d'échapper dans les salons au Ministre terrible et au Roi dévot. Le Louvre avait tout l'air d'une maison abandonnée, et ce fut l'Hôtel de Rambouillet qui devint le véritable Palais d'Honneur (9). « C'est là que se rendront tant de personnes de qualité et de mérite pour y composer une cour choisie, nombreuse sans confusion, modeste sans contrainte, savante sans orgueil, polie sans affectation. » Ma-

dame la marquise de Rambouillet, puis sa fille
Julie d'Angennes, présidèrent ces réunions.
Elles se donnèrent le nom de *Précieuses*, et la
préciosité fut longtemps un titre réservé aux
chastetés galantes et à toutes les délicatesses de
l'esprit et du langage. Ce sont elles et leurs
pareilles qui ont fait de nous la Nation polie, en
apprenant « comme on doit déférer aux dames
et comment les sexes se règlent (10) », et en
nous donnant de cette délicatesse d'esprit « qui
n'est pas si commune aux hommes (11). »
Ce sont, en effet, les femmes qui font la
société.

L'antre de la déesse d'Athènes ne commença
à dégénérer que vers l'année 1645. Plus tard
seulement La Bruyère pourra dire qu'à force
de raffiner par désœuvrement, « on laissa au
vulgaire l'art de parler d'une manière intel-
ligible: » La comédie des *Précieuses* ne fut
écrite qu'en l'année 1659; au moment où les
réunions se dispersèrent et où les exagérations
de préciosité eurent asile dans les salons bour-

geois. La province aura aussi ses Précieuses. Chapelle et Bachaumont ne parlèrent pas sans dégoût de ces exportations ridicules (12). Tout ceci n'a rien de commun avec les politesses de la chambre bleue (13), où l'on vit Malherbe, Racan, le cardinal de La Vallette, madame de Sévigné, Condé, Bussy-Rabutin, Balzac, mademoiselle de Scudéry, Voiture, Vaugelas, mademoiselle de Montpensier, Saint-Évremont et La Rochefoucauld. Corneille lut *Polyeucte* sous ces voûtes ornées de peintures allégoriques représentant l'Hymen, l'Amour, le Sommeil et l'Étude, et l'abbé Bossuet fit un soir ses débuts oratoires au pied des colonnes dorées de cette alcôve illustre.

L'hôtel de Rambouillet reprit l'œuvre de la Pléiade, mais sur une langue débrouillée. C'est encore dans ce salon « à ruelle garnie » qu'en conversant se forma la langue de conversation. Enfin ce fut là que naquit le Roman français. Le *Grand Cyrus* nous paraît excellent en beaucoup d'endroits. Mademoiselle de Scudéry est peut-être la première à avoir su faire des portraits bien et dûment développés. En donnant ici le portrait de Julie d'Angennes, nous ne ferons que résumer tout ce que nous venons de dire sur cette spirituelle et galante assemblée : « Philonide est merveilleusement éclairée en toutes les belles choses et n'ignore rien de tout ce qu'une personne de sa condition doit sçavoir, et elle danse bien jusques à donner de l'amour, quand même elle n'aurait rien d'aimable que cela. Mais ce qu'il y a de merveilleux est qu'elle est tellement née pour le monde, pour les grandes fêtes et pour faire les honneurs d'une grande cour, qu'on ne peut pas l'être davantage. La parure lui sied si bien et l'embarrasse si peu, qu'on dirait qu'elle ne peut être autrement, et les plaisirs la cherchent de telles sortes, que je ne pense pas qu'elle ait jamais été enrhumée en un jour où il y avait eu un divertissement à recevoir ; et si je l'aie vue quelquefois malade, ç'a été en certains temps mélancoliques où il n'y avait rien d'agréable à faire ; encore ne l'était-elle qu'autant qu'il le fallait être pour attirer toute la cour dans sa chambre, et non pas assez pour se priver de la conversation (14). »

En fondant l'Académie, Richelieu fut inspiré par la mode, qui était toute à ces sortes d'assemblées littéraires, et que le ministre dominateur et l'homme de lettres jaloux voulait amoindrir et discipliner. Quel que soit notre jugement sur l'institution, nous ne pouvons méconnaître qu'elle répondait bien aux besoins de cette époque organique que Richelieu préparait impitoyablement et que Louis XIV représenta avec tant de pompe. Cette Académie fait bien partie du plan d'unité absolue. Elle manquerait presque à la logique de l'histoire. Ce fut précisément parce que cette institution était conforme aux idées de l'époque et de la société, qui imposèrent quarante années d'exil à Saint-Évremont, que celui-ci attaqua la Compagnie. Il eut sans doute l'esprit tourné vers ce sujet par le duc d'Enghien, qui venait de lui donner la lieutenance de ses gardes (1642),

« afin de l'avoir toujours auprès de lui et de jouir des agréments de sa conversation. » Ses plaisanteries ne l'avaient pas encore brouillé avec le jeune capitaine. Celui-ci, en effet, aimait les belles-lettres, et, après la mort du Cardinal, plusieurs membres de l'Académie Française avaient eu dessein de le choisir pour Protecteur (15). Saint-Évremont suivit en tout cas la pente naturelle de son esprit qui, comme Montaigne, le portait à « haïr les choses vraisemblables quand on les lui plantait pour infaillibles. » Il eut vers cette même époque la curiosité de voir Gassendi, le plus éclairé des philosophes et le moins présomptueux. « Celui-ci se plaignit que la nature eût donné tant d'étendue à la Curiosité et des bornes si étroites à la Connaissance. Saint-Évremont commença d'admirer comment il était possible à homme sage de passer sa vie à des recherches inutiles (16). » Il n'est pas indifférent de connaître la philosophie d'un auteur pour l'étude de ses moindres œuvres. Voici le portrait qu'il a fait de lui-même et qui n'est point mensonger. « C'est un philosophe également éloigné du superstitieux et de l'impie; un voluptueux qui n'a pas moins d'aversion pour la débauche que d'inclination pour le plaisir; un homme qui n'a jamais senti la nécessité, qui n'a jamais connu l'abondance..... Jeune, il a haï la dissipation, persuadé qu'il fallait du bien pour les commodités d'une longue vie; vieux, il a de la peine à souffrir l'économie, croyant que la nécessité est peu à craindre, quand on a peu de temps à pouvoir être misérable... Il ne cherche point dans les hommes ce qu'ils ont de mauvais pour les décrier; il trouve ce qu'ils ont de ridicule pour s'en réjouir; il se fait un plaisir secret de le connaître, il s'en ferait un plus grand de le découvrir aux autres si la discrétion ne l'empêchait (17). » Spinoza, qu'il devait bientôt voir en Hollande, semble avoir dit pour lui « que la sagesse n'est pas une méditation de la mort, mais de la vie. »

Saint-Évremont allait être avec Scarron,

Gassendi, Bayle, nous allions dire avec l'auteur du *Festin de Pierre,* l'un des plus brillants parmi les esprits dissidents du siècle. Il sera pour Bernier contre La Bruyère, qui trouvait que quelques-uns achevaient de se corrompre par de longs voyages. Comme à celui qu'il appelait le *joli philosophe,* il lui paraîtra que « l'abstinence des plaisirs est un grand péché (18). » Avec toute la maison littéraire de Foucquet et la plupart des salons du Marais, il tiendra pour Épicure, mais, comme beaucoup d'esprits forts dans ces temps privilégiés, il reprochera à l'impiété son inconvenance. Leurs élèves deviendront moins polis sur cette matière.

Ce fut à l'hôtel de Rambouillet que le gentilhomme normand s'instruisit d'abord de toutes les bienséances. Il fut l'un des premiers qui se fatiguèrent de cette société aimable et sévère; le *Mourant* de Julie et Julie elle-même y devenaient ridicules ; les règles et les exemples de goût et de langage y étaient proposés par les premiers Académiciens, dont Saint-Évremont ne pouvait méconnaître les talents, mais dont il ne pouvait non plus supporter la prétentieuse autorité. Ses assiduités aux réunions durent cesser peu avant le mariage tardif de Julie d'Angennes (1645), au moment où ces réunions allaient perdre leur première indépendance. Dès lors il fréquenta plutôt les salons du Marais, inclinant vers des mœurs moins austères et préférant au commerce de Voiture et de Chapelain celui de Scarron et de Desbarreaux. Là du moins les petites badines, qu'il était de mode aux dames de porter, n'étaient qu'un symbolique instrument de défense pour elles, et les masques carrés de velours noir, qu'elles tenaient dans la bouche avec un bouton, étaient moins faits pour servir leur modestie que pour « faire paraître d'avantage la blancheur de la gorge. »

C'est là que Saint-Évremont voulut réussir à plaire et qu'il y réussit. Il alla chez Marion Delorme, où se rencontrait l'assemblée la plus choisie. N'oublions pas que Marion eût pu, comme un jour Ninon de Lanclos, recevoir la reine Christine, et qu'au mariage du duc d'Enghien, elle fut priée au ballet. On ne faisait ainsi que lui rendre les honneurs reçus chez elle. En cette année 1643, Saint-Évremont devait errer aux alentours de la place Royale, car la brune Ninon logeait alors proche la place dorique (19). Sa jeunesse et ses talents étaient accueillis par Marion Delorme, sa protectrice. Ninon avait alors vingt-trois ans, et, après la mort de sa mère, femme absorbée en dévotion, comme elle voulait enfermer sa douleur dans un couvent, Saint-Évremont la détourna de cette vocation fragile, et commença avec elle une longue amitié demeurée célèbre. Il forma à ses leçons de sagesse sensuelle et raffinée cette femme qui avait lu Montaigne à douze ans, qui jouait du luth et dansait en perfection. C'est grâce à lui que Ninon emporta le jugement respectueux des siècles indulgents.

Ce fut après la campagne de Rocroi et avant la bataille de Nordlingen, où il fut blessé d'un coup de fauconneau, que Saint-Évremont écrivit la *Comédie des Académistes* (20). Dans cette première moitié du XVIIᵉ siècle, les grands seigneurs sont le plus souvent hommes de lettres en même temps qu'hommes de guerre. Ils vont faire campagne au printemps, et l'hiver ils reviennent dans les salons, où ils se tiennent couchés aux pieds des dames, sur leurs manteaux de soie déployés en souvenir des camps. Saint-Évremont avait trente ans. En écrivant cette Comédie, il se ferma les portes de l'hôtel de la rue Saint-Thomas-du-Louvre. Cette pièce, en mortifiant Godeau et Chapelain, n'eut pas sans doute l'approbation de l'accommodante Julie, auprès de laquelle leur goût avait tout crédit. Bien que cette satire n'eût été imprimée qu'en 1650, elle fut aussitôt connue de tous ceux auxquels elle était destinée. La littérature n'était encore qu'à l'adresse des salons. On se passait les pièces manuscrites. Les écrivains grands seigneurs se montraient assez dédaigneux d'une publicité inutile, et les autres vivant au milieu d'eux imitaient souvent leur négligence.

Cependant c'était moins aux Académiciens qu'à l'Institution elle-même que s'attaquait Saint-Évremont. Prenons les personnages de cette Comédie sans intrigue, qu'il est par cela même inutile d'analyser.

DESMARETS

Je ne vois point ici Saint-Amant ni Faret.
Que sont-ils devenus ?

GODEAU

Ils sont au cabaret.

DESMARETS

Ils sont au cabaret ! Messieurs, qu'elle impudence !
Vous voyez parmi vous un chancelier de France
Qui vient de son logis en ce méchant quartier
Sachant bien les respects que l'on doit au métier ;
Et ces vieux débauchés, au mépris de la gloire,
Lorsque nous travaillons font leur plaisir de boire.

GODEAU

Je vois entrer Faret suivi de Saint-Amant.

CHAPELAIN

Et si je ne me trompe ils ont bu largement (21).

Ce n'est certes pas Saint-Évremont, qui, comme Godeau et Chapelain, eût reproché à Saint-Amant et à Faret de boire et de faire de belles œuvres à leur fantaisie. Il appartenait quelque peu à cette société où Saint-Amant s'appelait le *gros,* Faret le *vieux,* le comte d'Harcourt le *rond.* Sous les ombrages nouveaux des Tuileries, il connut l'élégante taverne tenue par Renard, l'ancien valet de chambre du commandeur de Souvré, son parent, l'un des gourmets les plus délicats du temps. Il se plut à deviser avec les *goinfres* dans la salle spacieuse ornée de beaux tableaux et de belles tapisseries, et à boire du vin des *trois coteaux* dans les retraits clandestins. Nous n'y trouvons point de mal. Plus que partout ailleurs l'on faisait bonne chère chez madame de Sablé, ce qui n'empêchait point que les *Maximes* de la Rochefoucauld ne sortissent des conversations qui se tenaient chez la gourmande marquise. Saint-Évremont avait fort en estime Faret, dont le nom rimait trop bien avec cabaret pour que les chansons de Saint-Amant et les vers de Boileau n'aient point un peu exagéré les mauvaises habitudes du savant académicien.

Saint-Amant qui, pour parler le langage dont on usait à la *Fosse aux Lions,* était encore plus souvent bridé de vin que d'amour, avait toutes les sympathies de l'auteur de la *Comédie.* Ce n'était point à tort : le poète avait bu du *vin de renard* (22), c'est-à-dire un vin subtil et malicieux et avait laissé au gentil Voiture le *vin enragé ;* c'est ainsi que l'on appelait l'eau au cabaret de l'*Épée royale.* Il avait bu aussi du *vin de lion,* qui rend héroïque, et du *vin de cerf,* celui qui fait pleurer ; enfin il avait, après boire, des tristesses poignantes qu'il rendit en vers justes. Saint-Amant obtint d'être exempt de la harangue académique que chaque académicien devait prononcer, à la charge qu'il ferait la partie burlesque du Dictionnaire, qu'il ne fit pas (23). Dans sa jeunesse, il vit l'Afrique et l'Amérique ; il accompagna le comte d'Harcourt dans ses campagnes et ses ambassades en Espagne, en Piémont, en Angleterre ; fut, à Dantzig, gentilhomme ordinaire de la reine de Pologne et assista à Stockholm au mariage de la reine de Suède. Les voyages rendent l'intelligence libre. Pour Ulysse comme pour cet ivrogne extraordinaire, il faudra invoquer les Muses et chanter « celui qui vit beaucoup de villes et connut les mœurs et les hommes. »

Après Faret et Saint-Amant, nous citerons d'abord les utilités, c'est-à-dire ceux dont il n'y a ni grand bien, ni grand mal à dire, parce qu'ils n'ont rien fait ou que des choses indifférentes. Parmi eux Serizay, intendant de la maison du duc de la Rochefoucauld, qui, ainsi que Conrart, n'a rien laissé d'imprimé, mais qui avait un talent tout particulier à prononcer les discours ; De Gombaud « moins fécond que judicieux », dit Conrart, et dont les vers n'avaient « ni sel ni sauge », ajoute Tallemant; Colomby qui a pour titre d'être le parent de Malherbe ; de Silhon « le Mélancolique (24) » qui vivait sur pension mal payée et fit un traité de l'*Immortalité de l'Ame ;* Porchères d'Arbaud, dont on ne sait rien sinon qu'il était Provençal et qu'il publia *Cent Lettres Amoureuses* sous le nom d'*Érandre*; de l'Estoile,

L'Estoile fait des vers avec le Cardinal (25);

Baudouin,

Baudouin fait des vers au-dessous des images (26);

Habert, que Séguier hébergeait et qui, selon Tallemant « a toujours fait le plaisant, mais quelquefois ne l'était guère. » Nous allions oublier mademoiselle de Gournay, « ancienne précieuse des plus savantes, » dit Saumaise, mais la moins féminine des femmes auteurs.

Puis viennent Gomberville et la suppression de la proposition *car* dans la langue française (27) et les longs romans qui « font la fureur de son siècle »; le spirituel Boisrobert toujours bien en cour; Colletet qui reçut six cents livres du Cardinal pour six mauvais vers, et qui usa sa vie à épouser ses servantes; Desmarets de Saint-Sorlin, qui fut l'un des *cinq auteurs* et versifia les conceptions dramatiques de Richelieu, lesquelles se jouaient devant le roi « avec de très-

magnifiques décorations de théâtre. » Un jour
Desmarets tournera sa débauche en fanatique
dévotion , ayant cru à l'intervention de Dieu
dans l'achèvement de son *Clovis*. Enfin viennent Godeau et Chapelain, personnages alors
considérables, et le Chancelier, le nouveau Protecteur de l'Académie Française.

C'est à ces derniers, promoteurs plus
influents, que l'auteur veut du mal, non pas
tant pour leurs écrits et leurs discours, que
pour les règles uniformes qu'ils veulent décré-
ter et le rôle officiel qu'ils ont. Bien que pour
une méchante pièce de vers, Godeau fût nommé
évêque de Grasse, le *nain* de Julie ne manquait ni de talent ni d'esprit. Si Chapelain, qui,
avec sa face débonnaire, sa courte taille et ses vêtements si relâchés de mailles qu'on l'appelait le
chevalier de l'Araignée, avait tort de « ne prendre
pas moins que l'Univers pour théâtre et l'Éter-
nité pour spectatrice » (28), il n'avait pas encore
publié la *Pucelle* et « avait de l'esprit enfin »,
dit le Cardinal de Retz. Séguier, qui eut toutes

les complaisances habiles et sanglantes, était un homme d'un goût éclairé et formait une précieuse bibliothèque. En se moquant des prétendues réformes des premiers Académiciens, en représentant leurs combats de vanité, Saint-Évremont veut surtout railler l'œuvre inutile qu'ils entreprennent au nom de l'État. Comment Saint-Amant et Chapelain eussent-ils pu s'entendre pour édicter les mêmes lois de goût et de langage! à moins, comme il fut proposé par l'un des membres de la Compagnie, que tous les Académiciens fussent obligés, par serment, à employer les mots approuvés par la pluralité des voix dans l'Assemblée; de sorte que si cette loi, ajoute Pellisson, avait été reçue, quelque aversion particulière qu'on eût pu avoir pour un mot, il aurait fallu nécessairement s'en servir, et qui en eût usé d'autre sorte, aurait commis non pas une faute, mais un péché (29). Corneille écrit à Boisrobert, à la date du 15 novembre 1637 : « J'attends avec beaucoup d'impatience les Sentiments de l'Académie, afin d'apprendre ce que dorénavant je dois suivre; jusque là je ne puis travailler qu'avec défiance et n'ose employer un mot en sûreté. » Nous n'insistons pas. Nous sommes de l'avis de Sorel « qu'il ferait beau voir que de grands hommes qui ont à écrire sur de grands sujets s'occupassent entièrement à des vétilles de grammaire et à considérer s'il faut dire *l'on* ou *on, par ce que* ou *pour ce que, ils eussent été mieux* ou *ils eussent mieux été;* s'il faut écrire: *hé quoi !* ou *et quoi ! treuver* ou *trouver, vindrent* ou *vinrent,* etc. » Cette spirituelle satire n'a fait qu'exagérer, pour en rire, la tendance à légiférer sur les mots. Le père de Scarron, conseiller de la grand'chambre, semblait avoir prévu cette prétention quand il dit en opinant au Parlement sur la vérification des Lettres Patentes « que d'assembler le Parlement pour si peu de chose, cela le faisait souvenir de cet empereur romain qui envoya quérir tout le Sénat pour savoir à quelle sauce il devait manger un poisson. »

Nous louerions l'Académie d'avoir entrepris

son Dictionnaire si elle ne s'était pas montrée insuffisante à tenir ce registre des mots et à enseigner leur histoire. Vaugelas et Furetière ont plus fait pour la langue que toutes les Académies. Pour nous, les factums qu'écrivit Furetière, au moment de son fameux procès, font autorité (3o). En droit, l'Académie naissante a un privilège qui défend de faire des dictionnaires pendant vingt ans, à dater du jour où celui qu'elle prépare sera achevé d'imprimer. C'est tout un siècle de monopole qu'elle réclame. Elle voulait seule avoir le droit de faire un dictionnaire, comme si elle craignait la concurrence, et voulait que son lexique fût le seul et non le meilleur. Furetière défie de montrer douze décisions qu'elle ait faites et qui ne soient pas dans Vaugelas, Ménage et autres auteurs qui ont écrit sur la langue. Elle n'a rien à elle que cette prétendue autorité dont elle se vante de déclarer le bon usage. Il montre encore qu'il n'y a que la partie basse de l'Académie qui travaille au dictionnaire, et que la rédaction en est confiée à dix ou douze académiciens sans nom et sans autorité, que Corneille appelait académiciens *jetonniers,* par ce qu'il trouvait leurs assiduités dangereuses aux jetons.

Vers le même temps Ménage, « homme non-seulement fort savant et fort poli, dit Pellisson, mais encore plein d'honneur et d'une solide vertu, » écrivit une longue pièce en petits vers intitulée: *Requête présentée par les Dictionnaires à messieurs de l'Académie* (31).

Nous trouvons réimprimé à la suite de la Comédie de Saint-Évremont, dans l'édition de 1650, le *Rôle des Présentations faites aux grands jours de l'Éloquence française sur la Réformation de notre langue* (32):

PREMIÈRE ASSISE

DU LUNDI 13 MARS 1646

— S'est présentée, la dame marquise de Monelay requérant que, pour éviter les occasions de mal penser que donnent les paroles ambiguës, l'on usera du mot de *penser* au lieu de *conception.*

Réponse. — La Requérante fera apparoir de procuration des parties qui ont intérêt à l'usage du mot.

— S'est présentée, Margot-pisse-à-terre, recommanderesse de nourrices, pour supplier que dorénavant les nourrices qu'elle baillera soient immatriculées au secrétariat des Grands Jours de l'Éloquence française, afin qu'il paraisse comme elles sont capables d'apprendre à parler aux petits enfants.

Réponse. — La Compagnie, sans approuver le mot de *recommanderesse,* députera commissaires pour approuver les nourrices capables d'apprendre à parler aux petits enfants.

Rivarol, dont l'esprit ne manque pas d'analogie avec celui de Saint-Évremont, pourra dire « que les Académies ne sont jamais défendues par leurs membres, que les bons mots se multiplient, que le vœu général est contre elles, et qu'après avoir rendu à une nation le service de lui donner une Académie, il ne reste plus qu'à la lui ôter (33). » L'usage et l'initiative propre sont seuls à constituer et à régler la langue et le goût. Molière emploiera le verbe *s'encanailler,* et le mot deviendra français, et Furetière l'enre-

4

gistrera. La discipline imposée aux esprits, mieux que l'Académie, a ordonné la majestueuse beauté d'une langue sans pareille. Il n'y aura jamais en France de langue ni de goût patentés, « d'autant que les esprits des Français, dit l'historien de l'Académie, ne sont pas nés à la servitude. »

C'est cette indépendance d'esprit qui anima Saint-Évremont. Malgré leur inutilité, les Académies nous apparaîtront comme de belles cérémonies auxquelles il est honorable de prendre part. Ce ne sont point les plus médiocres parmi nous qui en forment le long cortège. L'aimable sceptique ne nous contredirait pas. Aussi, croyons-nous, comme nous l'avons déjà dit, que c'est sa haine pour les *affirmatifs* qui le poussa à écrire cette Comédie. Ce ne sont pas les Consultations ni les Lettres de l'Académie Française sur la signification du mot *rabougri,* qui excitent au fond sa verve, c'est le contre-sceau de cire bleue dont elles furent scellées et où était figurée une couronne de lau-

rier avec ces mots : A·L'IMMORTALITÉ. C'est
que cette institution représente bien dans son
domaine l'époque organique qu'il pressent déjà
et qu'il n'aime pas. Cela est si vrai, qu'il se
plaira après cinquante ans à remanier cette
Comédie et à y confirmer ses sentiments.

> J'ai vu le temps de la bonne Régence,

dit-il avec quelque mélancolie. Dans ce temps
il faisait encore bon vivre à Paris pour le plus
intelligent des Épicuriens. Mais après la meur-
trière et joyeuse équipée de la Fronde, il faudra
être avec le siècle contre tous les dissidents.
L'exil lui a épargné peut-être l'hypocrisie
où fut réduite la société qu'il fréquentait. Loin
de France il s'aveugla moins à contempler les
splendeurs magnifiques du Soleil du Grand
Siècle.

Le propre de l'esprit des hommes est de vouloir organiser un impossible repos. Il est des
époques, après les siècles d'élaboration, où le
désir inquiet des sociétés fait effort pour fixer
des mœurs, un langage, des dogmes et des pou-

voirs incontestables. Le tort que nous avons tous est de nous croire en possession de la vérité : Saint-Évremont aime à penser que la recherche de la vérité est éternelle, que le travail de la vie est la vie même et que le vrai, ainsi que dit Héraclite, est l'éternel écoulement des choses.

ROBERT DE BONNIÈRES.

LES

ACADÉMICIENS

COMÉDIE

ACTEURS

MM[rs]

LE CHANCELIER, protecteur de l'Académie françoise.

SERISAY, Directeur de l'Académie.

DES MARETS, Chancelier de l'Académie.

GODEAU, Évêque de Grasse et de Vence.

GOMBAUD.	GOMBERVILLE.
CHAPELAIN.	SAINT-AMANT.
HABERT.	COLOMBY.
FARET.	BAUDOIN.
BOIS-ROBERT.	L'ESTOILE.
SILHON.	PORCHERES-D'ARBAUD.
COLLETET.	Mlle DE GOURNAI.

La scène est à Paris, dans la maison où s'assembloit
l'Académie.

LES

ACADÉMICIENS

COMÉDIE (1)

ACTE PREMIER

SCÈNE I

SAINT-AMANT, FARET

SAINT-AMANT

Faret, qui ne riroit de notre académie ?
A-t-on vû de nos jours une telle infâmie ?
Passer huit ou dix ans à réformer six mots !
Pardieu, mon cher Faret, nous sommes de grands sots !

FARET

Tant sots qu'il vous plaira : mais les premiers de France
Sont les admirateurs de notre suffisance.
Quoi! Trouvez-vous mauvais que de pauvres Auteurs
Devant les ignorans s'érigent en docteurs ?
S'ils peuvent se donner du crédit, de l'estime,
L'erreur des abusés n'est pas pour eux un crime.
Après tout, où trouver de ces rares savans,
Dont le nom immortel percera tous les ans ?
Si pour l'ACADÉMIE il faut tant de science,
Vous et moi pourrions bien ailleurs prendre séance.

SAINT-AMANT

Oui, mais je n'aime pas que monsieur de Godeau,
Excepté ce qu'il fait, ne trouve rien de beau ;
Qu'un fat de Chapelain aille en chaque ruelle,
D'un ridicule ton réciter sa PUCELLE (2) ;
Ou, que dur et contraint en ses Vers amoureux,
Il fasse un sot portrait de l'objet de ses vœux ;
Que son esprit stérile et sa veine forcée
Produisent de grands mots qui n'ont sens ni pensée.
Je voudrois que Gombaud, l'Estoile et Colletet,
En prose comme en vers eussent un peu mieux fait ;
Que des *Amis rivaux* (3) Bois-Robert ayant honte,
Revînt à son talent de faire bien un conte.
Enfin....

FARET

Vous avez tort de mépriser Godeau ;
Il a l'esprit fertile, et le tour assez beau :
Tout le défaut qu'il a, soit en vers, soit en prose,
C'est qu'en trop de façons il dit la même chose (4).

L'Estoile fait des vers avec le Cardinal (5) :
Colletet est bon homme, et n'écrit pas trop mal :
Bois-Robert est plaisant autant qu'on sauroit l'être ;
Il s'est assez bien mis dans l'esprit de son maître (6) ;
A tous ses Madrigaux il donne un joli tour,
Et feroient des leçons aux Grecs de leur amour (7).
Baudoin fait des vers au-dessous des images,
Mais *Davila* traduit est un de ses ouvrages (8).
Gombaud, pour un châtré, ne manque pas de feu.....
J'entens quelqu'un qui monte ; arrêtons-nous un peu :
Je commence à le voir ; c'est l'Évêque de Grasse.

SAINT-AMANT

Il faut se retirer, et lui quitter la place :
Nous reviendrons tantôt. Allons, mon cher Faret,
Trouver, proche d'ici, quelque bon cabaret (9).

SCÈNE II

GODEAU, COLLETET

GODEAU

Eh quoi ! Chers nourrissons des Filles de Mémoire,
Qui sur les temps futurs obtiendrez la victoire ;
Beaux mignons de Pallas, vrais favoris des Dieux ;
Vous n'êtes pas encore arrivés en ces lieux !

Seriez-vous bien si tard assis encore à table ? [ble...]
Non, les plus grands festins n'ont pour vous rien d'aima-
Mais voici Colletet qui hâte un peu le pas ;
Je l'ai toujours connu sobre dans ses repas (10).
Bon-jour, cher Colletet.

COLLETET se jette à genoux.

Grand Évêque de Grasse,
Dites-moi, s'il vous plaît, comme il faut que je fasse.
Ne dois-je pas baiser votre sacré talon ?

GODEAU

Nous sommes tous égaux, étant fils d'Apollon.
Levez-vous, Colletet.

COLLETET

Votre magnificence
Me permet, Monseigneur, une telle licence.

GODEAU

Rien ne sauroit changer le commerce entre nous :
Je suis *évêque* ailleurs, ici *Godeau* pour vous.

COLLETET

Très-révérend Seigneur, je vais donc vous complaire.

GODEAU

Attendant nos Messieurs, que nous faudra-t-il faire ?

COLLETET

Je suis prêt d'obéir à votre volonté.

GODEAU

Parlons comme autrefois, avecque liberté.

Vous savez, Colletet, à quel point je vous aime.

COLLETET

Seigneur, votre amitié m'est un honneur extrême.

GODEAU

Oh bien, seul avec vous ainsi que je me voi,
Je vais prendre le temps de vous parler de moi.
Avez-vous vû mes vers?

COLLETET

              Vos vers! je les adore.
Je les ai lûs cent fois, et je les lis encore;
Tout en est excellent, tout est beau, tout est net,
Exact et régulier, châtié tout-à-fait.

GODEAU

Manquai-je en quelque endroit à garder la césure?
Y peut-on remarquer une seule *hiature?*
Suis-je pas scrupuleux à bien choisir les mots?
Ne fais-je pas parler chacun fort à propos?
Le *decorum* latin, en françois *bienséance,*
N'est si bien observé nulle part, que je pense.
Colletet, je me loue, il le faut avouer;
Mais c'est fort justement que je me puis louer.

COLLETET

Vous êtes de ceux-là qui peuvent dans la vie
Mépriser tous les traits de la plus noire envie :
Vous n'aviez pas besoin de votre dignité,
Pour vous mettre à couvert de la malignité.

GODEAU

On se flatte souvent : mais, si je ne m'abuse,
S'attaquer à Godeau, c'est se prendre à la Muse :
Et le plus envieux se verroit transporté,
S'il lisoit une fois mon *benedicite* (11).
O l'ouvrage excellent !

COLLETET

O la pièce admirable !

GODEAU

Chef-d'œuvre précieux !

COLLETET

Merveille incomparable !

GODEAU

Que peut-on désirer après un tel effort ?

COLLETET

Qui n'en sera content, aura, ma foi, grand tort.
Mais, sans parler de moi trop à mon avantage,
Suis-je pas, Monseigneur, assez grand personnage ?

GODEAU

Colletet, mon ami, vous ne faites pas mal.

COLLETET

Moi, je prétends traiter tout le monde d'égal,
En matière d'Ecrits : le bien est autre chose ;
De richesse et de rang la Fortune dispose.
Que pourriez-vous encor reprendre dans mes vers ?

GODEAU

Colletet, vos discours sont obscurs et couverts.

COLLETET

Il est certain que j'ai le stile magnifique.

GODEAU

Colletet parle mieux qu'un homme de boutique.

COLLETET

Ah! le respect m'échape. Et mieux que vous aussi.

GODEAU

Parlez bas, Colletet, quand vous parlez ainsi.

COLLETET

C'est vous, Monsieur Godeau, qui me faites outrage.

GODEAU

Voulez-vous me contraindre à louer votre ouvrage?

COLLETET

J'ai tant loué le vôtre!

GODEAU

Il le méritoit bien.

COLLETET

Je le trouve fort plat, pour ne vous céler rien :

GODEAU

Si vous en parlez mal, vous êtes en colère.

COLLETET

Si j'en ai dit du bien, c'étoit pour vous complaire.

GODEAU

Colletet, je vous trouve un gentil violon.

COLLETET

Nous sommes tous égaux, étant fils d'Apollon.

GODEAU

Vous, *enfant d'Apollon?* Vous n'êtes qu'une bête.

COLLETET

Et vous, Monsieur Godeau, vous me rompez la tête.

✤ SCÈNE III ✤

SERISAY, GODEAU, COLLETET

SÉRISAY à Godeau.

Qu'avez-vous, Monseigneur ? je vous vois tout ému.

GODEAU

Colletet m'insulter! Qui l'auroit jamais crû?

COLLETET

Traiter un vieil auteur avec cette infamie,
C'est affronter en moi toute l'ACADÉMIE.

SERISAY

Mais, quelle est cette injure, et d'où vient tant de mal?

COLLETET

Colletet, mon ami, vous ne faites pas mal;

Vous parlez un peu mieux qu'un homme de boutique,
Et mieux que vous, Godeau; car, enfin, je m'explique :
Et notre DIRECTEUR le saura comme vous.

SERISAY

Modérez, Colletet, modérez ce courroux.
Offenser un Prélat à qui l'on doit hommage,
C'est d'un homme insensé faire le personnage.

COLLETET

Je sais bien respecter Godeau comme *prélat;*
Mais Godeau comme *auteur,* je le trouve fort plat.

GODEAU

Ma colère se passe; et je veux, sans murmure,
En Prélat patient endurer cette injure.

COLLETET

Moi, je veux recevoir la satisfaction
Du tort qu'a pu souffrir ma réputation.
O, d'un humble Prélat patience parfaite !
Il parle d'endurer l'injure qu'il a faite.
Pardonner à des gens que l'on a maltraités,
Ce sont du bon Godeau les générosités.

GODEAU

Hé bien, cher Colletet, je ferai davantage;
Vous serez reconnu pour un grand personnage.
Soyons, je vous conjure, amis de bonne foi,
Et vous saurez écrire et parler mieux que moi.

COLLETET

Ordonnez, Monseigneur, ce qu'il faut que je fasse;
J'ai plus failli que vous, et je demande grâce.

5

Que partout on exalte et partout soit chanté
De ce divin Prélat le *benedicite*.
O l'ouvrage excellent! O la pièce admirable!
Chef-d'œuvre précieux! merveille incomparable!
Que partout on exalte, et partout soit chanté
De ce divin Prélat le BENEDICITE.

GODEAU

Qu'en tous lieux on exalte, et qu'en tous lieux on chante
De notre Colletet la *cane barbotante* (12);
Ces beaux vers que le temps ne sauroit effacer,
Et qu'un grand Cardinal voulut récompenser :
C'est là que Colletet si vivement explique
Du *Canard* amoureux la Vénus aquatique,
Qu'au sens de Richelieu le Roi ne pourroit pas
De tout l'or du Royaume en payer les appas.

SERISAY

Nous sommes tous contens; la discorde est finie,
Et la paix régnera dans notre compagnie :
Au reste, l'heure approche où se doit terminer
La réforme des mots que nous allons donner,
Et par qui nous aurons la gloire sans seconde,
D'établir le François en tous les lieux du monde.

COLLETET

Monsieur le CHANCELIER ne doit venir que tard.

SERISAY

Donc, pour un peu de temps, allons quelqu'autre part.

SCÈNE IV

PORCHERES-D'ARBAUD, COLOMBY

PORCHÈRES

Illustre Colomby (13), vrai cousin de Malherbe,
De ton mérite seul, glorieux et superbe;
Parmi tous les Auteurs, en voit-on aujourd'hui
Qui puissent approcher ou de vous, ou de lui?

COLOMBY

Malherbe ne vit plus, Bertaut n'est plus au monde;
D'ignorance et d'erreur toute la terre abonde (14).

PORCHÈRES

Desportes a subi notre commun destin;
Passerat a vécu; j'ai vû mourir Rapin:
Et c'étoient les Auteurs dont l'illustre génie
Auroit pû faire honneur à notre compagnie.

COLOMBY

Vous savez que j'avois auprès du Potentat
La charge d'*orateur des affaires d'État.*

PORCHÈRES

Et vous n'ignorez pas que j'eus dans la Régence
Des *nocturnes plaisirs* la suprème *intendance* (15).

COLOMBY

Or, n'étant point payé de mes appointemens,

PORCHÈRES

Détrompé que je suis de tous amusemens,

COLOMBY

Je vais faire leçon aux gens de nos Provinces
Du peu de gain qu'on fait au service des Princes.

PORCHÈRES

J'abandonne la Cour (16), et vais dans chaque lieu
Louer la Reine mère et blâmer Richelieu.

COLOMBY

Aux Auteurs assemblés prenez le soin de dire
Que, las de mes emplois, enfin je me retire (17).

PORCHÈRES

C'est la forme ordinaire : et, quiconque a quitté,
Leur a fait en quittant cette civilité.

COLOMBY

Vous direz de ma part, sans aucune autre forme,
Qu'au lieu de réformer les mots, je me réforme.

PORCHÈRES

Je traiterai la chose un peu moins durement,
Et leur ferai pour moi le même compliment.

ACTE DEUXIÈME

❦ SCÈNE I ❦

CHAPELAIN seul, composant des vers avec un soin
ridicule, et peu de génie.

Tandis que je suis seul, il faut que je compose
Quelqu'ouvrage excellent, soit en vers, soit en prose.
La prose est trop facile, et son bas naturel
N'a rien qui puisse rendre un Auteur immortel;
Mais d'un sens figuré la noble allégorie
Des sublimes esprits sera toujours chérie.
Par son divin pouvoir, nos esprits triomphans
Passent de siècle en siècle et bravent tous les ans.
Je quitte donc la prose et la simple nature
Pour composer des vers où règne la figure.

Qui vit jamais rien de si beau,
(Il me faudra choisir pour la rime *flambeau*)
　　Que les beaux yeux de la Comtesse (18)?
(Je voudrois bien aussi mettre en rime *Déesse*.)

　　Qui vit jamais rien de si beau
　　Que les beaux yeux de la Comtesse?
　　Je ne crois pas qu'une Déesse
　　Nous éclairât d'un tel flambeau.

　　Aussi, peut-on trouver une ame
　　Qui ne sente la vive flamme
　　Qu'allume cet œil radieux?

Radieux me plaît fort : un ciel plein de lumière,
Et qui fait sur nos cœurs l'impression première,
D'où se forment enfin les tendresses d'amour.
Radieux! J'en veux faire un terme de la Cour.

　　Sa clarté qu'on voit sans seconde,
　　Éclairant peu à peu le monde,
　　Luira même un jour pour les Dieux.

Je ne suis pas assez maître de mon génie ;
J'ai fait, sans y penser, une cacophonie :
Qui me soupçonneroit d'avoir mis *peu à peu?*
Ce désordre me vient pour avoir trop de feu.

　　Qui vit jamais rien de si beau
　　Que les beaux yeux de la Comtesse?
　　Je ne crois point qu'une Déesse
　　Nous éclairât d'un tel flambeau.

Aussi peut-on trouver une ame,
Qui ne sente la vive flamme
Qu'allume cet œil radieux ?
Sa clarté qu'on voit sans seconde
S'épand dejà sur tout le monde,
Et luira bien-tôt pour les Dieux.

Voilà ce qui s'appelle écrire avec justesse!
Et ce qui m'en plaît plus, tout est fait sans rudesse;
Car tout ouvrage fort a de la dureté,
Si par un art soigneux il n'est pas ajusté.

Chacun admire en ce visage
La lumière de deux Soleils :
Si la Nature eût été sage,
Le ciel en auroit deux pareils.

Que voilà de beaux vers ! L'auguste Poësie !
Phœbus éclaire encore un peu ma fantaisie :
« Divin Père du Jour, qui maintiens l'Univers,
« Donne-moi cette ardeur qui fait faire des Vers;
« Ranime mes esprits, et dans mon sang rappelle
« La féconde chaleur qui forma la *PUCELLE.*
« Par l'épithète alors je me rendis fameux :
« Alors *le mont Olympe a son pied sablonneux;*
« Alors, *hideux, terrible, affreux, épouvantable,*
« Firent dans mes écrits un effet admirable.
« Divin père du jour, qui maintiens l'Univers,
« Redonne-moi l'ardeur qui fit faire ces Vers. »

Le teint qui paroît sur sa face
Est plus uni que n'est la glace,

Plus clair que le ciel cristalin :
Où trouver un pinceau qui touche
Les charmes de sa belle bouche,
Et l'honneur du Nez aquilin ?

Cette comparaison me semble assez bien prise :
Il n'est rien plus uni qu'un *cristal de Venise ;*
Et les cieux qui ne sont formés d'aucun métal,
Pourroient, à mon avis, être faits de *cristal.*

Aquilin ne vient pas fort souvent en usage,
Mais il convient au Nez du plus parfait visage ;
Tous les Peintres fameux veulent qu'un nez soit tel :
Oublier *aquilin* est un péché mortel.

Chacun admire en ce visage
La lumière de deux Soleils :
Si la Nature eût été sage
Le ciel en auroit deux pareils.

Le teint qui paroît sur sa face
Est plus uni que n'est la glace,
Plus clair que le ciel cristallin :
Où trouver un pinceau qui touche
Les charmes de sa belle bouche
Et l'honneur du Nez aquilin ?

Ainsi peignoient les Grecs des Beautés achevées,
De l'injure des ans par leurs Écrits sauvées.
Je n'ai fait que vingt vers, mais tous vers raisonnés,
Magnifiques, pompeux, justes et bien tournés.
Par un secret de l'art d'une grande *Déesse,*
J'oppose les appas à ceux de ma *comtesse ;*

Et des charmes divins dans l'opposition,
    Je fais voir la confusion.

Quant à l'autre couplet, j'y reprens la Nature,
Qui des corps azurés a formé la structure,
De n'avoir su placer à ce haut firmament
    Qu'un *soleil* seulement.
LA COMTESSE en a deux ; c'est au *ciel* une honte
Qu'un *visage* ici bas en *soleils* le surmonte.
J'achève heureusement : il me falloit finir ;
Aussi bien nos Auteurs commencent à venir.

SCÈNE II

SERISAY, CHAPELAIN, SILHON, BOIS-ROBERT

SERISAY à Chapelain.

Vous attendiez ici cette heure fortunée
Où la Réforme enfin doit être terminée.

CHAPELAIN

Depuis plus de huit ans nous attendons ce jour
Où doit être réglé tout langage de Cour.

Mais que les ignorans vont nous dire d'injures !

SERISAY

Nous saurons mépriser de sots et vains murmures.

BOIS-ROBERT

Nous allons bien-tôt voir un de nos mécontens
Résolu de se plaindre et de nous et du temps.

CHAPELAIN

C'est Silhon irrité contre l'ACADÉMIE,
Et prêt à la traiter de mortelle ennemie.

SERISAY

Et de sa haine encor quel est le fondement ?

CHAPELAIN

Nous réformons un mot propre au raisonnement,
Il laissera sans OR tous discours politiques;
Et n'écrira jamais des affaires publiques.
Silhon est violent : s'il parle contre nous...

SERISAY

Monsieur le CHANCELIER calmera son courroux.

BOIS-ROBERT

Faut-il un CHANCELIER pour calmer sa colère?
Godeau m'a répondu d'entreprendre l'affaire :
Il doit attaquer OR, que Silhon aime tant,
Aussi-bien que *parfois*, *pour-ce-que*, et *d'autant.*

SILHON entre.

A dire vrai, Messieurs, c'est une chose étrange ;
On a beau mériter honneur, gloire, louange,

Affermir tant qu'on peut l'autorité des loix,
Faire service à Dieu, travailler pour les Rois,
Prescrire le devoir et du Peuple et des Princes,
Instruire un Potentat à régler ses Provinces (19),
Il faut avoir l'affront de voir des esprits doux
Gagner chez nos Auteurs plus de crédit que nous.

SERISAY

Ce n'est pas d'aujourd'hui qu'on voit cette injustice.

BOIS-ROBERT

Ce n'est pas d'aujourd'hui qu'on a vû du caprice.

SILHON

Les siècles, Bois-Robert, sont assez différens :
On blâmoit autrefois les hommes ignorans ;
La science aujourd'hui donne fort peu d'estime.
En savoir plus que vous, n'est pas un petit crime.

BOIS-ROBERT

J'aime les ignorans d'avoir tant de bonheur.

SILHON

Vous n'avez pas manqué d'acquérir cet honneur.

SERISAY

Eh ! Pour l'amour de moi, finissez la querelle :
Soyons, soyons unis d'une amitié fidelle.
Encor, Monsieur Silhon, de quoi vous plaignez-vous ?

BOIS-ROBERT

Un mot qu'on veut changer lui donne ce courroux.

SILHON

C'est un mot, il est vrai, mais de grande importance.

BOIS-ROBERT

On pourroit s'en passer bien mieux que de finance.

SILHON

Il est pourtant utile et le sera toujours.
Or trouve bien sa place en de graves discours.
En affaire, au Barreau, dans la Théologie,
Or est fort positif et de grande énergie.

SERISAY

Je vois venir à nous la Sibylle Gournai !
Quel supplice, bon Dieu, m'avez vous ordonné !

SILHON

Elle mérite bien que vous fassiez cas d'elle.

BOIS-ROBERT

A soixante et dix ans elle est encore pucelle.

SCÈNE III

Mlle DE GOURNAI, SERISAY, BOIS-ROBERT,
SILHON

MADEMOISELLE DE GOURNAI

Je vous ai bien cherché, Monsieur le Président.

SERISAY

Baissez vous, Bois-Robert, et ramassez sa dent.

BOIS-ROBERT

C'est une grosse dent qui vous étoit tombée
Et qu'un autre que moi vous auroit dérobée.

SILHON

Montagne en perdit une, âgé de soixante ans.

MADEMOISELLE DE GOURNAI

J'aime à lui ressembler, même à perdre les dents (20).
Mais apprenez de lui que par toute la Grèce,
C'étoit comme un devoir d'honorer la Vieillesse.
Et le *vieil* âge en vous sera peu respecté,
Si vous en usez mal dans la virilité.
Montagne s'employoit à corriger le vice,
Et bien connoître l'homme étoit son *exercice*:

Il n'auroit pas *cuidé* pouvoir tirer grand *los*
Du stérile *labeur* de réformer des mots.

BOIS-ROBERT

Vous fûtes ennemie en tout temps du langage.

MADEMOISELLE DE GOURNAI

Le *sens,* à mon avis, vous eût rendu plus sage.
Avec tous mes vieux mots, encore ma raison,
Parmi les gens sensés se trouve de saison.

BOIS-ROBERT

Je l'avoue aisément ; et votre expérience,
Nymphe des premiers ans, vaut mieux que la science.

MADEMOISELLE DE GOURNAI

On méprisoit un fourbe au temps que je vous dis;
Bois-Robert le plaisant eût été gueux *jadis;*
Et Montagne et Charron avoient l'âme trop forte
Pour demeurer toujours au *recoin* d'une porte,
Aucuper jour et nuit leurs plus grands ennemis,
Et des Grands de la Coùr être valets soumis.

BOIS-ROBERT

Ce sont là des raisons que le Démon vous dicte.
Comment, vieille Gournai, vous aimez la *vindicte!*
Qui vous fait *détracter?* Qui vous met en *courroux?*

MADEMOISELLE DE GOURNAI

Montagne haïssoit les menteurs et les fous.
Poursuivez, *savanteaux,* à réformer la langue.

SERISAY

Allez-vous-en ailleurs faire votre harangue.

MADEMOISELLE DE GOURNAI

Otez *moult* et *jaçoit*, bien que mal à propos,
Mais laissez, pour le moins, *blandice*, *angoisse* et *los*.

SERISAY

Tout ainsi que l'esprit est vague et *contournable*,
De même le discours doit être variable.
Les termes ont le sort qu'on voit au genre humain ;
Un mot vit aujourdhui, qui périra demain.
L'usage parmi nous est fort *ambulatoire*.

MADEMOISELLE DE GOURNAI

Vous raillez sottement la vérité *notoire*.
Il mourra, *tout ainsi*, que je vois méprisé :
Mais devant lui mourront les vers de Serisay.

ACTE TROISIÈME

SCÈNE I

M. LE CHANCELIER, GODEAU, CHAPELAIN,
BOIS-ROBERT, SERISAY, PORCHERES,
DES MARETS

M. LE CHANCELIER

C'est aujourd'hui, Messieurs, qu'on révèle à la France
Les mystères secrets de la vraie éloquence.
Les Muses, qui du Ciel ont descendu chez nous,
Vous rendent par ma bouche un oracle si doux.
C'est à tort, grands Auteurs, que la Grèce se vante ;
La Rome des Latins n'est plus la triomphante ;
L'Italie aujourd'hui tombe dans le mépris,
Et les Muses n'ont plus de séjour qu'à Paris.

GODEAU

Qui croiroit, Monseigneur, que ces enchanteresses,
Que les neuf belles Sœurs, nos divines maîtresses,
Vinssent ici flatter nos esprits et nos sens,
Si vous n'aviez aimé leurs charmes innocens?

CHAPELAIN

Vous voyez les choses futures,
Malgré les nuits les plus obscures
Qui couvrent le bien de l'État,
Vous voyez tout ce qu'il faut faire,
Au rebours du sens populaire,
Pour maintenir le Potentat.

BOIS-ROBERT

Superbes Filles de Mémoire,
Venez accroître mon ardeur;
Je vais travailler à la gloire
D'une incomparable Grandeur.
Que le stile élevé me paroit incommode!
Je n'ai pas le talent qu'il faut pour faire une Ode.

M. LE CHANCELIER

Que chacun se réduise au mérite d'Auteur.
J'estime le Savant et je hais le Flatteur.
Mes louanges, Messieurs, ne sont pas nécessaires,
Et vous avez ici de plus grandes affaires.

SERISAY

Porchères semble avoir dessein de nous parler.

PORCHÈRES

Quatre mots seulement, Messieurs; puis m'en aller.

6

Monsieur de Colomby m'a chargé de vous dire
Que las de ses emplois enfin il se retire;
Et vous saurez aussi, qu'ennuyé de la Cour,
Je vais chercher ailleurs un tranquille séjour.

SERISAY

Vous nous voyez pensifs, mornes et taciturnes,
De perdre *l'intendant* de nos *plaisirs nocturnes;*
Et vous ferez savoir, au muet *orateur*
Des affaires d'État, le fond de notre cœur.
Nous regretons beaucoup un si grand personnage,
Et ne suivrons pas moins notre important ouvrage.

DES MARETS

Je ne vois point ici Saint-Amant ni Faret;
Que sont-ils devenus?

GODEAU

Ils sont au cabaret.

DES MARETS

Ils sont au cabaret! Messieurs, quelle impudence!
Vous voyez parmi nous un CHANCELIER DE FRANCE,
Qui vient de son logis en ce méchant quartier (21),
Sachant bien le respect que l'on doit au métier;
Et ces vieux débauchés, au mépris de la gloire,
Lorsque nous travaillons, font leur plaisir de boire!

GODEAU

Je vois entrer Faret suivi de Saint-Amant.

CHAPELAIN

Et, si je ne me trompe, ils ont bû largement.

❧ SCÈNE II ❧

SAINT-AMANT, FARET, CHAPELAIN, GOMBAUD,
SERISAY, M. LE CHANCELIER

SAINT-AMANT

Pour tout emploi chez vous, Seigneurs Académiques,
Nous serons vos bûveurs et Poëtes Bacchiques.

FARET

Nous perdons le respect, mais, ô grand CHANCELIER !
Vous aurez la bonté de vouloir l'oublier.

CHAPELAIN

Il ne vous reste plus qu'à parler de la guerre,
Qui, dans les cabarets, se fait à coups de verre.

GOMBAUD

Qu'à dire des chansons qui vantent la liqueur
Dont le père Bacchus réjouit votre cœur.

SAINT-AMANT

Prenez soin de notre langage,
Auteurs polis et curieux,
Et nous laissez le doux usage
D'un vin frais et délicieux.

Que d'Apollon la docte Troupe
Vieillisse à réformer les mots ;
Celle de Bacchus, dans la coupe,
Ira chercher sa joie et trouver son repos.

FARET

Si l'esprit de la suffisance,
Si l'avantage de raison,
Ne paroissent pas dans l'enfance
Et demeurent comme en prison,

C'est qu'on suce le lait d'une pauvre nourrice :
Et Dieu qui conduit tout sagement à sa fin,
De nos divins talens réserve l'exercice
Pour le temps précieux que nous buvons du vin.

SERISAY

Nous sommes satisfaits de vos stances bacchiques,
Et vous êtes reçûs Buveurs Académiques.
Mais de peur de vieillir à réformer les mots,
Nous allons travailler. Laissez-nous en repos ;
La chose qui se traite est assez d'importance.

FARET

Nous nous tairons.

M. LE CHANCELIER

Sortez ; c'est le mieux, je pense.

FARET

Si nous vous offensons, MONSIEUR LE CHANCELIER,
Vous aurez la bonté de vouloir l'oublier.

SCÈNE III

M. LE CHANCELIER, SERISAY, GODEAU, DES MARETS, SILHON, CHAPELAIN, GOMBAUD, BOIS-ROBERT, L'ESTOILE, GOMBERVILLE, BAUDOIN, etc.

SERISAY

Enfin, ils sont sortis. Sans tarder d'avantage,
Réformons les défauts que l'on trouve au langage,
Et d'un stile trop vieux, faisons-en un nouveau.
Vous, parlez le premier, docte et sage Godeau.

GODEAU

C'est m'obliger beaucoup; et cette déférence
Seroit dûe à quelqu'autre avec plus d'apparence.

SERISAY

Vous êtes trop modeste; et votre dignité...

GODEAU

Je reçois cet honneur sans l'avoir mérité;
Je le dois purement à votre courtoisie.

SERISAY

On n'en sauroit avoir aucune jalousie.

GODEAU

Je dirai donc, Messieurs, qu'il est très-important
D'ôter de notre Langue or, *pource que, d'autant;*
C'est là mon sentiment. Vous me voyez attendre
Que quelqu'Émulateur s'apprête à les défendre.

DES MARETS

Silhon s'oppose enfin.

SERISAY

Parlez distinctement :
Vous, Monsieur de Godeau.

GODEAU

Je dis premièrement,
Que ces Mots sont usés, qu'ils tombent de vieillesse ;
Et d'ailleurs il s'y trouve une grande rudesse.

SILHON

Inepte sentiment ! Absurde vision !
Ces Mots mènent enfin à la Conclusion :
L'un sert à résumer, comme à la Conséquence ;
Les autres, à prouver les choses d'importance.

GODEAU

Le premier sent l'École et tient trop du Pédant ;
Et tous ont trop vécu.

LA TROUPE

Nous en disons autant.

SILHON

Qu'ils soient bannis des Vers et conservés en Prose.

DES MARETS

Aujourd'hui, Prose et Vers sont une même chose.

CHAPELAIN.

Il est bien échauffé : qu'on lui tâte le poûs.

SERISAY

C'est assez disputé. Messieurs, asseyez-vous :
Que quelqu'autre succède à l'Évêque de Grasse ;
Parlez, vous, Chapelain, sans user de Préface.

CHAPELAIN

Il conste, il nous appert, sont termes de Barreau,
Que leur antiquité doit porter au Tombeau.

SILHON

J'estime en Chapelain la bonté de nature,
Qui veut donner aux mots même la sépulture.

CHAPELAIN

Horace les fait naître, et puis les fait mourir (22);
Sans quelque métaphore, on ne peut discourir.

SILHON

Les mots peuvent mourir, mais jamais métaphore
N'avoit dressé *tombeau* pour de tels mots encore.

LA TROUPE

IL CONSTE, IL NOUS APPERT, *doivent être abolis,*
Mais on ne les voit pas encore ensevelis.

GOMBAUD

Je dis que la coutume assez souvent trop forte,
Fait dire improprement que l'on FERME LA PORTE.
L'usage tous les jours autorise des mots,
Dont on se sert pourtant assez mal-à-propos.
Pour avoir moins de froid à la fin de décembre,
On va *pousser sa porte,* et l'on *ferme sa chambre.*

SERISAY

En matière d'État, vous savez que les Rois
N'ôtent pas tout-d'un-coup les anciennes loix ;
De même dans les mots, ce n'est pas être sage,
Que d'ôter pleinement ce qu'approuve l'usage.

LA TROUPE

Digne raisonnement! noble comparaison!
Gombaud n'a pas de tort, et vous avez raison.

BOIS-ROBERT

Messieurs, je veux ôter un terme de coquette :
C'est le mot d'*à ravir*.

L'ESTOILE

Il est bon en Fleurette.
Cent et cent faux galans en leur fade entretien,
De ce mot d'*à ravir* se servent assez bien :
Et principalement dans les amours de ville,
A ravir se rendra chaque jour plus utile.

LA TROUPE

Nous n'avons parmi nous que des Auteurs de Cour,
Et partant ennemis de ce dernier amour.
Les Dames de Quartier auront leur COTTERIE
A qui nous laisserons le droit de Bourgeoisie.

GOMBERVILLE

Que ferons-nous, Messieurs, de CAR (23) et de *pourquoi?*

DES MARETS

Que deviendroit sans *car* l'autorité du Roi ?

GOMBERVILLE

Le Roi sera toûjours ce que le Roi doit être,
Et ce n'est pas un Mot qui le rend notre Maître.

GOMBAUD

Beau titre que le *car,* au suprême Pouvoir,
Pour prescrire aux Sujets la règle et le devoir !

DES MARETS

Je vous connois, Gombaud ; vous êtes (24) hérétique,
Et Partisan secret de toute République.

GOMBAUD

Je suis fort bon sujet, et le serai toûjours ;
Prêt de mourir pour *car*, après un tel discours.

DES MARETS

Du *car* viennent les loix : sans *car*, point d'Ordonnance ;
Et ce ne seroit plus que désordre et licence.

GOMBAUD

Je demande pardon, si trop mal-à-propos,
J'ai parlé contre un Mot qui maintient le repos.

GOMBERVILLE à Des Marets

L'effort de votre Esprit en chose imaginaire,
Vous rendra, DES MARETS, un grand Visionnaire.
Le POETE, le VAILLANT, le RICHE, l'AMOUREUX,
Feront de leur Auteur un aussi grand Fou qu'eux (25).

DES MARETS

Un faiseur de Romans, père de POLEXANDRE,
A corriger les fous n'a pas droit de prétendre.

M. LE CHANCELIER

Ni vous autres, Messieurs, droit de vous quereller ;
Laissez le *car* en paix ; il n'en faut plus parler.

GOMBERVILLE

Et le *Pourquoi*, Messieurs ?

LA TROUPE

Sans cesse il questionne.
Qu'il soit moins importun, ou bien on l'abandonne.

L'ESTOILE

Je ne saurois souffrir le vieux *auparavant*,
Qui se trouve cent fois à la place d'*avant*.

BAUDOIN

Pour mes traductions c'est un mot nécessaire ;
Et si l'on s'en sert mal, je n'y saurois que faire.

L'ESTOILE

Peut-être voudrez-vous garder encor *Jadis ?*

BAUDOIN

Sans lui, comment rimer si bien à *Paradis ?*

L'ESTOILE

Paradis est un mot ignoré de Parnasse,
Et les *Cieux,* dans nos Vers, auront meilleure grace.

SERISAY

Que dira Colletet ?

COLLETET

Le plus grand de mes soins
Est d'ôter *nonobstant,* et casser *néanmoins.*

HABERT

Condamner néanmoins ! D'où vient cette pensée ?
Colletet, avez-vous la cervelle blessée ?
Néanmoins ! Qui remplit et coule doucement ;
Qui met dans le Discours un certain ornement.....
Pour casser *nonobstant,* c'est un méchant office,
Que nous nous rendrions dans les Cours de Justice.

DES MARETS

Puisque *Car* est sauvé, laissons le reste en paix,
Et faisons une Loi qui demeure à jamais.
« Les Auteurs assemblés pour régler le Langage,
» Ont enfin décidé dans leur Aréopage :
» Voici les Mots soufferts, voici les Mots cassés.....
Monsieur de Serisay, c'est à vous : Prononcez.

SERISAY

Grace à Dieu, Compagnons, la divine Assemblée
A si bien travaillé, que la Langue est réglée.
Nous avons retouché ces durs et rudes mots,
Qui sembloient introduits par les barbares Gots ;
Et s'il en reste aucun en faveur de l'Usage,
Il sera désormais un méchant personnage.
OR, *qui fit l'important, déchu de tous honneurs,*
Ne pourra plus servir qu'à de vieux Raisonneurs.
COMBIEN-QUE, POUR-CE-QUE, *sont un son incommode,*
Et D'AUTANT *et* PARFOIS *ne sont plus à la mode.*
IL CONSTE, IL NOUS APPERT, *sont termes de Barreau ;*
Mais le Plaideur François aime un air plus nouveau.
IL APPERT *étoit bon pour Cujas et Barthole* (26) ;
IL CONSTE *ira trouver le Parlement de Dôle,*
Où, malgré sa vieillesse, il se rendra commun,
Par les graves discours de l'Orateur le Brun (27).
Du pieux Chapelain la bonté paternelle
Peut garder son Tombeau pour sa propre PUCELLE.
Aux stériles esprits, dans leur fade entretien,
On permet A RAVIR, *lequel n'exprime rien.*
JADIS *est conservé par respect pour Malherbe.*
Dans l'Ode il a marché, JADIS, *grave et superbe ;*
Et de là s'abaissant en faveur de Scarron,
Il a pris l'air burlesque et le comique ton ;
Mais il demeure exclus du discours ordinaire :
Vieux JADIS, *c'est pour vous tout ce que l'on peut faire.*
Il faudra modérer cet indiscret POURQUOI,
Et revérer le CAR, *pour l'intérêt du Roi.*

En toutes Nations la coutume est bien forte ;
On dira cependant que l'on POUSSE LA PORTE.
Nous souffrons NÉANMOINS ; *et craignant le Palais,*
Nous laissons NONOBSTANT *en repos pour jamais.*
Qu'au milieu des Cités, la vaine COTTERIE
Au prodigue CADEAU *soit toujours assortie :*
Et que dans le repos, ainsi que dans l'Amour,
Ils demeurent Bourgeois éloignés de la Cour.
Auteurs, mes Compagnons, qui réglez le Langage,
Avons-nous assez fait ? En faut-il d'avantage ?

LA TROUPE

Voilà ce qu'à peu près nous pensions réformer :
Anathème sur ceux qui voudront le blâmer ;
Et soit traité chez nous plus mal qu'un hérétique,
Qui ne reconnoîtra la TROUPE ACADÉMIQUE.

DES MARETS

A ce divin Arrêt, des Arrêts le plus beau,
Je m'en vais tout-à-l'heure apposer le grand Sceau.

NOTES

NOTES

NOTES DE LA PRÉFACE

(1) Voy. Œuvres de M. de Saint-Évremont, publiées sur ses manuscrits, avec la Vie de l'auteur, par M. Des Maizeaux. M DCC XXVI, tome I, p. 15.

(2) Il est curieux de remarquer que la *Comédie des Académistes* ne fut imprimée qu'en 1650, après la chute du chancelier Seguier, second protecteur de la Compagnie.

(3) Voy. Relations contenant l'*Histoire de l'Académie Françoise*. Édit. de M DC LXXII, pag. 5, 6, 7, 8, 9, 10, 11, 12, 13. *Passim*.

(4) Voy. *Id.*, de la page 38 à la page 46.

(5) Sous Charles IX, le Parlement avait opposé les mêmes difficultés de vérification. Le roi passa outre en ordonnant l'ouverture de l'Académie Royale, dont Baïf et Thibault de Courville furent les « entrepreneurs. »

(6) Projet du règlement de l'Académie de Poésie et de Musique :
« Les Musiciens seront tenus tous les jours de Dimanche chanter et réciter leurs Lettres et Musique mesurées selon l'ordre convenu par entre-eux, deux heures d'horloge durant, en faveur des Auditeurs escrits au livre de l'Académie, où s'enregistreront les noms, surnoms

et qualités de ceux qui se cottisent pour l'entretien de l'Académie, ensemble la somme en laquelle se seront de leur gré cottisés; et pareillement les noms et surnoms des Musiciens d'icelle, et les convenances sous lesquelles ils seront entrés, reçus, et appointés.

. . . .

« Sera fait un Médaillon marqué de la devise qu'aviseront ceux de l'Académie, portant lequel les Auditeurs entreront.

. . . .

« Les Auditeurs, durant que l'on chantera, ne parleront ni ne s'acousteront, ni feront bruit, mais se tiendront le plus coy qu'il leur sera possible, jusques à ce que la chanson qui se prononcera soit finie ; et durant que se dira une chanson, ne frapperont à l'huis de la sale, qu'on ouvrira à la fin de chaque chanson pour admettre les Auditeurs attendans. »

Extrait de l'ouvrage de du Boulay (Bulaens), *Historia Universitatis Parisiensis.* Paris (M DCC XV — M DC LXXIII). 6 vol. in-fol., tome VI, pag. 715 et 716.

(7) Voy. Œuvres de Ronsard, édition P. Blanchemain, tome VIII, page 153.

(8) Voy. A. Sayous, *Études littéraires sur les écrivains français de la Réformation,* tome II, pag. 313 et suiv.

(9) Voy. Bayle, *Dict.* — Voy. Fléchier, *Oraison funèbre de Madame de Montausier.*

(10) Voy. *le Dictionnaire des Précieuses,* par le sieur de Somaize. Édition Ch.-L. Livet, tome Iᵉʳ, page xxvi.

(11) Voy. Chevalier de Méré, *Conversations avec le maréchal de Clairambaut.* 1ʳᵉ Convers. Paris, Barbin, XVII-XIX.

(12) « Nous trouvâmes grand nombre de dames qu'on nous dit être les plus polies, les plus qualifiées et les plus spirituelles de la ville, quoique pourtant elles ne fussent ni trop belles, ni trop bien mises. A leurs petites mignardises, à leur parler gras et leurs discours extraordinaires, nous crûmes bientôt que c'était une assemblée des Précieuses de Montpellier ; mais bien qu'elles fissent de nouveaux efforts à cause de nous, elles ne paraissaient que des Précieuses de campagne, et n'imitaient que faiblement les nôtres de Paris. » Œuvres de Chapelle et de Bachaumont.

(13) Voy. *Mémoires touchant la vie et les écrits de Marie de Rabutin-Chantal, Marquise de Sévigné,* par le baron Walckenaer, tome I, chap. v, p. 37 et suiv.

(14) Voy. *le Grand Cyrus*, tome VII, liv. Ier.

(15) Voy. Préface de Des Maizeaux.

(16) Voy. *Id.*

(17) Voy. Œuvres de Saint-Évremont. Édit. Giraud, tome II, page 511.

(18) Mot de Bernier.

(19) C'est ainsi que dans le vocabulaire des Précieuses on désignait la place Royale.

(20) Voy. Préface de Des Maizeaux.

(21) Acte III, scène Ire, v. 41 et suiv.

(22) Voy. *Curiosités Françoises pour supplément aux Dictionnaires ou Recueils de plusieurs belles propriétez, avec une infinité de Proverbes et de Quolibets pour l'explication de toutes sortes de Livres.* Par Antoine. Oudin, Secrétaire Interprette de sa Majesté. A Paris, M DC XL.

(23) Voy. Relations contenant l'*Histoire de l'Académie Françoise.*

(24) Voy. *Requête présentée par les Dictionnaires à Messieurs de l'Académie.*

(25) Voy. Acte I, scène Ire, v. 31.

(26). Voy. *Id.*, v. 37.

(27)
> Cependant on sait par la ville
> Que, depuis, votre Gomberville
> Auroit injustement proscrit,
> Le pauvre *Car* d'un sien ecrit,
> Comme étant un mot trop antique,
> Et qui tire sur le gothique,
> Et qu'aussitôt le sieur Baro,
> Sur ce mot cria tant haro,
> Qu'on alloit pour cette crierie
> Bannir de la Chancellerie
> (Tant lors on étoit de loisir)
> *Le Car tel est notre plaisir.*
>
> (*Requête présentée par les Dictionnaires.*)

(28) Voy. Manuscrits de la Bibliothèque Nationale. B. N. Ms. Fonds français, nº 15002, fº 8, rº.

(29) Il ne faut pas oublier que Pellisson était protestant.

(3o) Voy. *Recueil des Factums* d'Ant. Furetière. Paris, 185g, 2 vol.

(31)   A Nosseigneurs Académiques,
Nosseigneurs les Hypercritiques
Souverains arbitres des mots,
Doctes faiseurs d'avant-propos,
Cardinal-historiographes,
Surintendants des orthographes,
Raffineurs de locutions.....
(*Requête présentée par les Dictionnaires
à Messieurs de l'Académie.*)

(32) Le *Rôle des Présentations* fut attribué à Sorel.

(33) Voy. Écrits et Pamphlets de Rivarol, recueillis pour la première fois par A. P.-Malassis. — Édit. Alphonse Lemerre, 1877.

R. B.

NOTES DE LA COMÉDIE

(1) Cette pièce avoit d'abord pour titre : *La Comédie des Académistes pour la réformation de la langue Françoise.*

(2) Chapelain a fait un Poëme intitulé *la Pucelle :* il en récitoit alors des lambeaux dans les compagnies où il se trouvoit.

(3) Comédie de Bois-Robert.

(4) *Je tombe d'accord,* dit M. de Maucroix dans une lettre à M. Despreaux, *que M. Godeau écrivoit avec beaucoup de facilité . . . . . . Mais pour vous dire la verité, dès notre jeunesse même, nous nous sommes apperçûs que M. Godeau ne varie point assez. La plûpart de ses ouvrages sont comme des Logogriphes; car il commence toujours par exprimer les circonstances d'une chose, puis il y joint le mot. On ne voit point d'autre figure dans son Benedicite, dans son Laudate et dans ses cantiques.*

Œuvres Posthumes de M. de Maucroix, page 361. Cette lettre se trouve aussi dans les œuvres de M. Despreaux, tome IV, page 130, édition in-12 de la Haye, 1722.

(5) L'Estoile, Colletet et Bois-Robert étoient du nombre des cinq Auteurs qui travailloient à des Pièces de Théâtre par ordre du Cardinal de Richelieu, et souvent même avec lui. Voyez l'*Histoire de l'Académie Françoise* par M. Pelisson, pag. 114 et 115 de l'Edit. de Paris 1672, qui a été retouchée.

(6) *Bois-Robert*, dit M. Pelisson, *étoit alors en sa plus haute faveur auprès du Cardinal de Richelieu, et son plus grand soin étoit de délasser l'esprit de son maître après le bruit et l'embarras des affaires, tantôt par ses agréables contes, qu'il faisoit mieux que personne du monde, tantôt en lui rapportant toutes les petites nouvelles de la Cour et de la Ville, et ce divertissement étoit si utile au Cardinal que son premier Médecin, M. Citois, avoit accoutumé de lui dire :* Monseigneur, nous ferons tout ce que nous pourrons pour votre santé ; mais toutes nos drogues sont inutiles, si vous n'y mêlez une drachme de Bois-Robert. *Hist. de l'Acad. Franç.*, p. 9, 10.

(7) Bois-Robert étoit accusé du vice de non-conformité ; témoin ces deux vers de Ménage, dans sa *Requeste des Dictionnaires :*

> *Cet admirable Patelin,*
> *Aimant le genre Masculin.*

(8) Davila a écrit en Italien l'*Histoire des guerres civiles de France, depuis la mort de Henri II jusqu'à la paix de Vervins;* Baudoin l'a traduite en François, et c'est le plus supportable de ses ouvrages.

(9) *M. de Saint-Amand*, remarque M. Pelisson, *a célébré Faret dans ses vers, comme un illustre débauché. Cependant il ne l'étoit pas, à beaucoup près, autant qu'on le jugeroit par-là, bien qu'il ne haït pas la bonne-chere et le divertissement ; et il dit lui-même en quelque endroit de ses œuvres, que la commodité de son nom qui rimoit à Cabaret, étoit en partie cause de ce bruit que M. de Saint-Amand lui avoit donné.* Histoire de l'Académie Françoise, pag. 273.

(10) Guillaume Colletet, peu accomodé des biens de la fortune.

(11) Godeau a paraphrasé en Vers le *Cantique des trois enfans: Benedicite omnia opera Domini*, etc. C'est une de ses meilleures pièces.

(12) M. Pelisson nous apprend que *Colletet ayant porté au Car-*

dinal le Monologue des Tuilleries, *ce prélat s'arrêta particulièrement sur deux vers de la description du Quarré d'eau en cet endroit :*

> La Cane s'humecter de la bourbe de l'eau,
> ·D'une voix enroüée, et d'un battement d'aîle,
> Animer le Canard qui languit auprès d'elle.

et qu'après avoir écouté tout le reste, il lui donna de sa propre main cinquante pistoles avec ces paroles obligeantes : Que c'étoit seulement pour ces deux *derniers* vers, qu'il avoit trouvé si beaux, et que le Roi n'étoit pas assez riche pour payer tout le reste.

Au lieu de *la cane s'humecter de la bourbe de l'eau,* le Cardinal voulut lui persuader de mettre *barboter dans la bourbe de l'eau,* etc. Voyez l'*Histoire de l'Académie,* pag. 115, 116.

Pour donner plus de ridicule à Colletet, M. de Saint-Evremond employe ici le terme de *Cane barbotante.*

Au reste, le *Monologue des Tuilleries,* qui est une assez mauvaise Pièce, est imprimé devant la *Comédie des Tuilleries :* c'est une description du Palais et du Jardin des Tuilleries, tels qu'ils étoient dans ce temps-là.

(13) *François de Caurigny, sieur de Colomby, étoit,* dit M. Pelisson, *de Caen en Normandie, et parent de Malherbe, dont il fut disciple et sectateur..... Il avoit une Charge à la Cour, qui n'avoit point été avant lui, et n'a point été depuis; car il se qualifioit* Orateur du roi pour les affaires d'Etat, *et c'étoit en cette qualité qu'il recevoit douze cents écus tous les ans.* Hist. de l'Académie, pag. 308, 309.

(14) Vers de Bertaut, Évêque de Séez, qui se fit estimer en son temps par ses Poésies. Il mourut en 1611.

(15) François de Porchères-d'Arbaud avoit été *Intendant des plaisirs nocturnes;* charge dont il ne restoit plus qu'un nom ridicule.

(16) *Porchères se retira en Bourgogne où il s'étoit marié.* Hist. de l'Académie Françoise, pag. 265.

(17) *Sauroit-on mêler,* dit Balzac écrivant à Chapelain, la raillerie, et le tout de bon,*avec plus d'adresse sur le sujet de l'adieu de M. de Colomby à l'Académie, de la malédiction qu'il a donnée à son siècle, et du peu d'intelligence qui étoit entre lui et Tacite au temps même de leur plus grande familiarité?* Lettres de M. de Balzac à M. Chapelain. Livre XXI, Lettre XXI, du 1er août 1640. Tome 1, p. 226 de l'Édition in-fol. Pour bien entendre ces dernières paroles de Balzac, il faut remarquer que Colomby a traduit *une partie du premier Livre de Tacite en François, avec des Observations, qu'il fit imprimer en l'an 1613.* Histoire de l'Académie Françoise, p. 310.

(18) Il est fort ordinaire aux Poëtes de choisir quelque Dame distinguée par sa beauté, ou par son mérite, pour aimer en idée, et en faire l'objet de leurs amours poëtiques. Chapelain avoit choisi la Comtesse de Verneuil. Touchant cette coutume des Poëtes, voyez le *Dictionnaire* de M. Bayle, Article *Malherbe*.

(19) Silhon a fait un *Traité de l'immortalité de l'âme*, un livre de politique intitulé : *le Ministre d'Estat*, et quelques autres ouvrages.

(20) Mademoiselle de Gournai se disoit *Fille d'Alliance* de Montagne, dont elle a publié en 1635 les *Essais* corrigés et augmentés. Dans une *préface* curieuse, qu'elle mit à la tête de cette édition, et dans quelques autres ouvrages, elle se déclara hautement pour les vieux mots et les phrases surannées. Voyez le *Dictionnaire* de M. Bayle, article *Gournai*. Rem.

(21) L'Académie n'avoit point au commencement de lieu fixe pour tenir ses assemblées. On les tenoit tantôt chez un des Académiciens, et tantôt chez un autre ; mais enfin, dit M. Pelisson, en l'année 1643, le 16 février après la mort du Cardinal de Richelieu, M. le Chancelier fit dire à la Compagnie, qu'il désiroit qu'à l'avenir elle s'assemblât chez lui. M. le Chancelier n'étoit pas encore Protecteur de l'Académie. Il ne commença de l'être qu'au mois de Décembre de la même année. Voyez l'*Hist. de l'Académie Françoise*, pag. 92, 93 et 191. Cependant M. de Saint-Evremond a trouvé fort à propos de supposer le contraire : supposition qui lui fournit plusieurs traits fort plaisans.

(22) *Ut silva foliis pronos mutantur in annos,*
  Prima cadunt : ita verborum vetus interit ætas,
  Et juvenum ritu florent modo nata, vigentque.

(23) M. de Gomberville, *dit M. Pelisson*, n'aimoit pas à se servir du mot *Car*, qui, à la vérité est ennuyeux, s'il est souvent repeté, et qui est bien plus nécessaire dans les discours de raisonnement, que dans les Romans et les Poésies. Il se vanta de n'avoir jamais employé ce mot dans les cinq volumes de *Polexandre*, où l'on m'a dit, néanmoins, qu'il se trouve trois fois; on conclut aussitôt de son discours, que l'Académie vouloit bannir le *Car*; et bien qu'elle n'en ait jamais eu la moindre pensée, on en fit mille railleries ; et ce fut le sujet de cette agréable lettre de Voiture, qui commence : *Mademoiselle*, Car, *étant d'une si grande considération en notre langue*, etc. Hist. de l'Ac. Fr., p. 74, 75.

(24) Gombaud étoit Protestant.

(25) Des Marets a fait une comédie, intitulée : *Les Visionnaires*, qui est son chef-d'œuvre ; et dont les quatre principaux personnages

sont un *Capitan*, un *Poëte extravagant*, un *Amoureux en idée*, et un *Riche imaginaire*. Sur la fin de sa vie, il donna dans le fanatisme et se remplit la tête de visions prophétiques. Voyez le *Dictionnaire* de M. Bayle, Article *Marets* (Jean des):

(26) Deux célèbres jurisconsultes.

(27) M. le Brun, procureur général au parlement de Dole, s'en servoit toujours. Touchant M. le Brun, voyez *Dict*. de M. Bayle, Article *le Brun* (Antoine).

(NOTES DE DES MAIZEAUX).

TABLE

IMPRIMÉ

PAR

CL. MOTTEROZ

A

PARIS

www.ingramcontent.com/pod-product-compliance
Lightning Source LLC
Chambersburg PA
CBHW070021110426
42741CB00034B/2278